*31. Decembre 1776.*

# ORDONNANCE
## DU ROI,
### CONCERNANT
## *LE CORPS DU GÉNIE.*

## Du 31 Décembre 1776.

## A PARIS,
## DE L'IMPRIMERIE ROYALE.

## M DCCLXXVII.

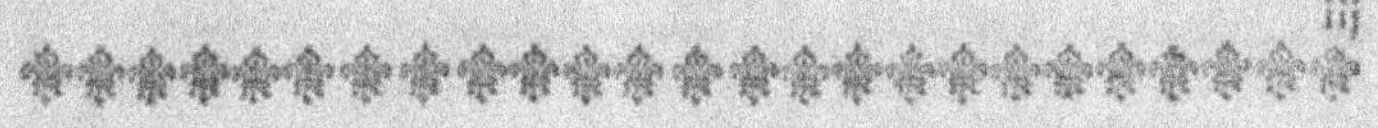

# TABLE
### DES
# TITRES ET ARTICLES
## Contenus dans cette Ordonnance.

# TITRE III.



## ARTICLES de ce Titre.



# TITRE IV.



## ARTICLES de ce Titre.

# TITRE V.

# TITRE VI.

ORDONNANCE

# ORDONNANCE DU ROI,

*Concernant le Corps du Génie.*

Du 31 Décembre 1776.

## DE PAR LE ROI.

SA MAJESTÉ ayant résolu de proportionner le nombre de ses Ingénieurs aux vrais besoins de ses frontières & de ses armées, a voulu donner en même temps au Corps du Génie toute la consistance militaire qu'il doit avoir, & lui procurer les avantages auxquels peut prétendre un Corps distingué par ses talens; en conséquence, Elle a ordonné & ordonne ce qui suit:

## TITRE I.er

*Composition du Corps-royal du Génie.*

### ARTICLE PREMIER.

LE Corps des Ingénieurs-militaires, portera à l'avenir le titre de *Corps-royal du Génie;* tous les Officiers de ce

Dénomination du Corps.

A

Corps seront désignés par leurs grades respectifs, & par la dénomination commune d'Officiers audit Corps-royal.

### 2.

*Nombre des Officiers du Corps.*

LE Corps-royal du Génie sera composé de trois cents vingt-neuf Officiers.

### 3.

*Formation générale.*

DE ces trois cents vingt-neuf Officiers au Corps-royal du Génie, treize seront Directeurs; les autres, en paix comme en guerre, seront répartis en vingt-une brigades.

### 4.

*Composition des brigades.*

CHAQUE brigade sera composée d'un Chef de brigade, d'un Sous-brigadier, d'un Major, de quatre Capitaines en premier, de cinq Capitaines en second & de trois Lieutenans en premier.

### 5.

*Fonctions des Ingénieurs-géographes.*

À chaque direction seront de plus attachés, par extraordinaire, un Ingénieur-géographe en premier & un en second; ces Ingénieurs-géographes seront aux ordres des Directeurs.

### 6.

*Nombre des Élèves de l'École de Mézières.*

LE nombre des Élèves de l'École de Mézières, sera proportionné aux besoins du service; leur existence à ladite École, sera constatée sur la revue qu'en fera le Commissaire des guerres.

### 7.

*Conseil d'Administration chez les Directeurs.*

IL sera établi dans chaque direction un Conseil d'Administration, qui sera composé du Directeur & de tous les Officiers supérieurs des brigades qui se trouveront le plus à portée du lieu de sa résidence. Ce Conseil sera présidé par le Commandant de la province, s'il est présent; les Officiers généraux des divisions, réparties dans l'étendue de la direction, y auront également séance : en cas de leur absence, le Commandant de la place où résidera le Directeur,

### 3

fera toujours appelé. Le Conseil d'Administration ne pourra
fe tenir que chez le Directeur.

TITRE I.<sup>er</sup>

### 8.

OUTRE ces Conseils, établis dans les provinces,
Sa Majefté fera affembler tous les ans, chez le Secrétaire
d'État ayant le département de la guerre, tel nombre
d'Officiers généraux ou autres, qu'il jugera convenable,
pour comparer le réfultat des divers Conseils d'Adminiftration du Corps-royal du Génie, & pour ftatuer fur tout
ce qui fera relatif aux fortifications.

Conseil<br>d'Administration,<br>près du Secrétaire<br>d'État<br>de la guerre.

# TITRE II.

## Formation du Corps-royal du Génie.

### ARTICLE PREMIER.

NUL ne pourra être admis à l'École de Mézières, qu'il
ne foit né fujet de Sa Majefté, & qu'il n'ait fait les mêmes
preuves que celles exigées par l'Ordonnance de l'Adminiftration du 25 mars 1776.

Admiffion<br>à l'École<br>de Mézières.

### 2.

IL ne pourra être admis à ladite École aucun fujet qu'il
n'ait fubi, en préfence de l'Examinateur nommé par Sa
Majefté, & de tous les Officiers & Élèves de ladite École,
un examen conforme au Règlement particulier qui fera
rendu inceffamment à cet égard; en attendant fa publi-
cation, il fera procédé à l'examen, dans la forme accoutumée.

Obligations<br>pour y être admis.

### 3.

LES Élèves admis à l'École, après l'examen fubi au
concours, ferviront deux années à la fuite de cette École,
& auront rang de Sous-lieutenant.

Rang<br>des Élèves<br>à l'École.

### 4.

APRÈS ces deux années de fervice à la fuite de ladite

TITRE II.

*Rang
des Élèves
sortans
de l'École.*

École, les Élèves prendront le titre d'Aspirans au Corps-royal du Génie; ils auront rang de Lieutenant en second d'Infanterie, & serviront en cette qualité deux autres années à la suite du Corps-royal de l'Artillerie, où ils seront particulièrement attachés, comme surnuméraires, aux compagnies de Mineurs & de Sapeurs.

### 5.

*Service
des Aspirans
dans les brigades.*

APRÈS ces deux nouvelles années de service à la suite desdites compagnies de Mineurs & de Sapeurs, les Aspirans audit Corps-royal du Génie, serviront encore deux autres années à la suite des brigades dudit Corps, où ils conserveront le titre d'Aspirans, & où ils auront rang de Lieutenant en premier.

### 6.

*Leur service
dans les régimens
d'Infanterie.*

APRÈS ces deux autres années de service à la suite desdites brigades, lesdits Aspirans conservant toujours ce titre, seront placés à la suite des régimens d'Infanterie; ils y serviront deux ans au moins, & jusqu'à ce qu'ils soient parfaitement au fait des manœuvres des troupes : ils seront en conséquence tenus de rapporter des certificats des Commandans des régimens à la suite desquels ils auront servi.

### 7.

*Admission
des Aspirans
dans les brigades,
&
des Élèves
dans l'Artillerie.*

APRÈS ces années d'épreuves, lesdits Aspirans retourneront à la suite de leurs brigades : avant d'y être admis, ils seront tenus de subir un examen proportionné à l'importance des fonctions qu'ils auront alors à remplir. Cet examen sera fait par le Directeur, en présence des Officiers supérieurs des brigades qui en seront le plus à portée : il en sera rendu compte au Secrétaire d'État ayant le département de la guerre, qui prendra les ordres de Sa Majesté sur l'admission de ces Officiers dans les brigades, où leur avancement sera déterminé par leurs talens & leur application.

Entend Sa Majesté que les Élèves ne sortent de l'École pour entrer dans les Mineurs & les Sapeurs, qu'après avoir

*subi*

5

subi un second examen ; dans le cas où , au terme de trois ans, lesdits Élèves ne seroient pas jugés capables , ils seroient renvoyés chez eux.



## 8.

LES treize Directeurs seront choisis parmi les Officiers généraux & les Brigadiers du Corps ; à défaut d'Officiers de ces grades, le choix se fera parmi les Colonels , sans égard à l'ancienneté.

*Choix & rang des Directeurs.*

Le Colonel nommé Directeur , aura du même jour, rang de Brigadier d'Infanterie. A l'avenir, les Directeurs seront choisis parmi les Chefs de brigade , mais également sans suivre l'ordre du tableau , & sans consulter l'ancienneté de commission de Colonel ; bien entendu que les Chefs de brigade qui seront Brigadiers d'Infanterie , auront toujours la préférence sur les Colonels , pour monter à la place de Directeur.

## 9.

LES Chefs de brigade auront commission de Colonel.

Les Sous-brigadiers, commission de Lieutenant-colonel.

*Grades des Officiers des brigades.*

Les Majors , brevet de Major.

Les Capitaines en premier , commission de Capitaine en premier d'Infanterie.

Et les Capitaines en second, commission de Capitaine en second d'Infanterie.

Les autres Officiers du Corps-royal du Génie, qui entreront dans la formation des brigades , conserveront le grade de Lieutenant en premier, ainsi que ceux des anciens Ingénieurs qui se trouveront surnuméraires.

## 10.

TOUS les emplois dont il vient d'être parlé ci-dessus, seront donnés , ainsi que ceux de Directeur , au mérite & aux talens , & non à titre d'ancienneté. C'est d'après ce principe, que les Chefs de brigade seront choisis parmi les Sous-brigadiers, ceux-ci parmi les Majors , & ces derniers

*Emplois donnés au mérite & aux talens.*

parmi les Capitaines en premier. Il en sera usé de même pour les grades inférieurs.

### I I.

*En quel temps l'Aspirant sera attaché aux brigades.*

L'ASPIRANT ne sera attaché particulièrement à l'une des brigades du Corps du Génie, que du jour où il aura fini son service dans l'Infanterie ; jusque-là il sera attaché au Corps en général, à titre d'Aspirant.

### I 2.

*Officiers surnuméraires.*

LE nombre des Ingénieurs militaires étant actuellement de quatre cents, & ce nombre étant réduit à trois cents vingt-neuf par la présente Ordonnance, ceux des Officiers dudit Corps qui se trouveront surnuméraires, seront employés dans les compagnies de Sapeurs & de Mineurs, & successivement dans les brigades du Corps-royal du Génie & les régimens d'Infanterie, ainsi qu'il a été dit ci-dessus.

# TITRE III.
## Répartition du Corps-royal du Génie.

### ARTICLE PREMIER.

*Nombre & étendue des directions.*

LES vingt-une directions aujourd'hui existantes, seront réduites à douze : chacune de ces directions sera commandée par un Directeur. Indépendamment de ces douze Directeurs, il en sera établi un, toujours amovible, près du Secrétaire d'Etat ayant le département de la guerre. Les douze directions seront établies, ainsi que les vingt-une brigades, conformément au tableau de distribution qui sera joint à la présente Ordonnance.

### 2.

*Aspirans & Élèves détachés pour le service.*

SA MAJESTÉ fera passer, selon les besoins du service, à la suite des brigades, tel nombre qu'il lui plaira des Aspirans détachés dans les compagnies de Mineurs, de Sapeurs & les régimens d'Infanterie : Elle enverra aussi dans lesdites brigades, ceux des Élèves de l'École de

553.

7

Mézières qu'Elle jugera assez avancés pour mériter cette distinction, avant la fin des deux ou trois années qui sont fixées pour leur séjour à ladite École.

TITRE III.

3.

QUAND les besoins du service exigeront dans une direction, une demi ou un tiers de brigade de plus, ces détachemens s'appelleront *section :* la demi-brigade qui sera détachée, sera commandée par le Sous-brigadier, qui aura à ses ordres le premier & le troisième Capitaines en premier ; le premier, le troisième & le cinquième Capitaines en second, & un Lieutenant en premier.

Sections<br>des brigades.

Lorsqu'il sera détaché un tiers de brigade, les sections seront faites en prenant successivement les Officiers qui devront composer chaque tiers, qui sera commandé, le premier par le Chef de brigade, le second par le Sous-brigadier, & le troisième par le Major.

4.

QUAND des ouvrages extraordinaires & le service des Colonies, ou telle autre circonstance, exigeront qu'il soit détaché quelques Officiers des brigades ; l'intention de Sa Majesté est qu'ils ne soient tirés que de celles qui se trouveront dans des directions où les travaux seront moins urgens.

Officiers<br>employés<br>aux Colonies.

5.

LES Officiers détachés d'une brigade dans une autre, ne seront pas moins partie de celle à laquelle ils seront réellement attachés ; ils rouleront cependant pour le service journalier, avec les Officiers de la brigade dans laquelle ils seront accidentellement incorporés, serviront suivant leurs rang & grade, & obéiront ou commanderont en conséquence.

Officiers<br>détachés.

6.

L'INTENTION de Sa Majesté est que dans le nombre des Officiers du Corps-royal du Génie, il en soit détaché deux à la suite du dépôt de la Guerre à Versailles, aux

Officiers attach.<br>au dépôt<br>de la Guerre.

ordres de l'Officier principal auquel ledit dépôt sera confié. Les fonctions de ces deux Officiers seront de contribuer au bon ordre des papiers, cartes, plans & mémoires, & d'étendre leurs connoissances topographiques par la communication de ces archives militaires : Et pour faire circuler lesdites connoissances dans toutes les parties du Corps-royal du Génie, Sa Majesté entend rendre amovibles & périodiques ces places à la suite du dépôt, de façon à faire de cette marque de confiance, aussi-bien que du supplément d'appointemens qui en sera la suite, une récompense à laquelle les Officiers du Corps-royal du Génie pourront tous également prétendre, sans distinction de grade.

## 7.



L'ÉCOLE du Génie continuera d'être établie à Mézières, & l'intention de Sa Majesté est qu'il y soit attaché un Commandant, un Major & un Aide-major. Ces deux derniers Officiers seront uniquement occupés à suivre l'instruction des Élèves dans toutes les parties qui y ont rapport : ils seront choisis, ainsi que le Commandant, parmi les Chefs de brigade, les Sous-brigadiers, les Majors & les Capitaines en premier du Corps-royal du Génie ; mais ils seront constamment partie des brigades.

Le Commandant sera de plus chargé des travaux de la place, & il sera subordonné, tant pour ces travaux que pour tout ce qui concernera les détails & l'instruction de l'École, au Directeur du département.

## 8.



LES fonctions particulières du Commandant de l'École de Mézières, demeureront à l'avenir incompatibles avec celles de Directeur des places de la Meuse & de Lieutenant pour Sa Majesté à Mézières ; mais cette place de Commandant pourra se concilier avec le commandement d'une des brigades du Corps-royal du Génie.



TITRE IV.

*31. Décembre 1776.*



# TITRE IV.

*Traitement pour les Officiers du Corps-royal du Génie.*

## ARTICLE PREMIER.

LES Directeurs jouiront par an, des appointemens réglés ci-après; savoir:

Les deux plus anciens de nomination à la direction, de douze mille livres chacun:

Les six qui suivront, de dix mille livres chacun:

Et les cinq derniers, de neuf mille livres chacun; sans que ces treize Directeurs puissent prétendre d'augmentation pour frais de Dessinateurs, ni pour appointemens de réforme à titre d'Officiers généraux, quand ils parviendront ou seront parvenus à ce grade.

*Traitement des Directeurs.*

## 2.

LES vingt-un Chefs de brigade jouiront par an, chacun de quatre mille huit cents livres d'appointemens, & tous ceux des anciens Directeurs, qui par la présente formation se trouveront réduits aux fonctions de Chefs de brigade, jouiront par supplément, du même traitement qui leur étoit ci-devant attribué.

*Traitement des Chefs de brigade.*

Entend au surplus Sa Majesté, que lesdits supplémens, uniquement accordés à titre de dédommagement aux anciens pourvus de direction, devenus Chefs de brigade, cessent à mesure que chacun d'eux parviendra de nouveau à une des directions de la nouvelle formation.

Les autres Officiers, qui, par la nouvelle constitution, seroient dans le cas d'éprouver quelque diminution sur leur ancien traitement, jouiront du surplus par forme de supplément, jusqu'à leur promotion à un nouveau grade, qui leur donne les mêmes appointemens & traitement.

C

CHACUN des vingt-un Sous-brigadiers jouira par an, de trois mille trois cents soixante livres d'appointemens; chaque Major de brigade, de trois mille livres; le plus ancien Capitaine en premier de chaque brigade, de deux mille quatre cents livres; chacun des soixante-trois autres Capitaines en premier, de deux mille livres; le plus ancien Capitaine en second de chaque brigade, de seize cents livres; chacun des quatre-vingt-quatre autres Capitaines en second, de treize cents cinquante livres; chacun des soixante-trois Lieutenans en premier, placés dans les brigades, de mille quatre-vingts livres; ceux de ce grade, qui se trouveront excédans à la composition, & qui devront être dans les compagnies de Mineurs & de Sapeurs, ensuite dans les brigades du Corps & dans les régimens d'Infanterie, jouiront aussi de mille quatre-vingts livres.

Les Élèves qui passeront avec le grade de Lieutenant en second dans les troupes de l'Artillerie & dans les brigades du Génie, y jouiront de neuf cents livres d'appointemens; & de mille quatre-vingts livres, lorsqu'ils quitteront les brigades pour être détachés dans les régimens d'Infanterie.

Quant à l'Officier du Corps-royal du Génie, qui continuera d'être établi à Paris, tant pour la conduite des ouvrages de fortification qui s'exécuteront à la Bastille, que pour la tenue des plans en relief, il aura dans le Corps, la commission du grade auquel il sera appelé par son ancienneté, & jouira en conséquence des appointemens dudit grade: Il jouira de plus de seize cents livres pour la garde desdits plans, & de douze cents livres pour lui tenir lieu de logement.

Entend Sa Majesté, qu'il ne puisse prétendre à des appointemens au-dessus de ceux qui sont attribués par la présente Ordonnance, au grade de Lieutenant-colonel, auquel il se trouvera borné pour son avancement.



### 4.

Le Commandant de l'École du Corps-royal du Génie, jouira des appointemens qui lui seront attribués par son rang dans les brigades;

*Traitement attaché à l'École.*

Et du supplément par an, de deux mille six cents livres, en sa qualité de Commandant de l'École.

Le Major jouira aussi des appointemens attribués par son rang dans les brigades, & du supplément de mille livres en sa qualité de Major.

L'Aide-major jouira également des appointemens de son rang dans les brigades;

Et du supplément de six cents livres, en sa qualité d'Aide-major.

Le Chirurgien, de neuf cents livres.

Le Professeur de Physique & Mathématique-pratique, de trois mille livres.

Le Maître de Dessin, de dix-huit cents livres.

Quant aux dépenses relatives à l'entretien de l'École; elles continueront d'être payées sur les états qui en seront arrêtés par le Commandant de l'École, & visés par le Directeur du département, qui les adressera tous les trois mois au Secrétaire d'État ayant le département de la guerre.

Dans ces dépenses sera comprise une somme de deux cents livres, qui sera payée chaque année au Prêtre qui dira la Messe tous les jours de fêtes & de dimanches pour les Élèves de l'École : Entend à cet effet Sa Majesté, que lesdits Élèves s'assemblent les jours ci-dessus, à l'heure qui leur sera indiquée, chez l'Aide-major, qui les conduira chez le Major, & le Major chez le Commandant, qui les mènera à la Messe; aucun d'eux ne pourra en être dispensé, à moins de prétextes légitimes.

TITRE IV.

*Traitement
des
Éleves de l'École.*

## 5.

LES Éleves qui feront admis à l'École de Mézieres, continueront de jouir du traitement de fept cents vingt livres d'appointemens par an.

## 6.

*Traitement
des Officiers
près du Secrétaire
d'État.*

LES deux Officiers du Corps, qui feront détachés à la fuite du dépôt de la Guerre, jouiront des appointemens qui leur feront attribués par leur rang dans les brigades.

Il leur fera de plus réglé par an, un fupplément d'appointemens; favoir, de deux mille livres au premier:

Et de quinze cents livres au fecond.

Le Directeur du Corps-royal du Génie, qui fera réfidant à Verfailles, jouira d'un fupplément de traitement de trois mille livres.

## 7.

*Traitement
des Ingénieurs-
géographes.*

LES Ingénieurs-géographes détachés aux ordres des Directeurs du Corps-royal du Génie, feront payés fur les fonds de l'Extraordinaire des guerres, ainfi que ceux qui feront confervés au dépôt de la Guerre; favoir, les Ingénieurs-géographes en premier, de dix-huit cents livres d'appointemens; & chacun des Ingénieurs-géographes en fecond, de douze cents livres : Sa Majefté fe réferve de récompenfer, par des gratifications, ceux dont les talens, le zèle & les travaux extraordinaires pourront mériter cette faveur.

Ceux de ces Ingénieurs qui jouiffent actuellement d'appointemens plus forts que ceux qui leur font attribués par la préfente Ordonnance, feront payés également fur les fonds de l'Extraordinaire des guerres, du furplus de leur traitement, par forme de fupplément.

## 8.

*Traitement
aux Armées.*

IL fera accordé un traitement extraordinaire à celui des Directeurs qui fera nommé pour commander le Génie en chef à l'armée, aux Officiers fupérieurs qui y

commanderont

13

commanderont fous lui, ainfi qu'aux Major & Aides-major, & autres Officiers dudit Corps qui y feront employés.

TITRE IV.

### 9.

LES Directeurs continueront de jouir du traitement affecté pour leur logement dans l'étendue de leur direction ; il en fera ufé de même à l'égard des autres Officiers des brigades & des Ingénieurs-géographes ; mais dans tous les cas, ces Officiers & Ingénieurs - géographes feront logés, foit en nature, foit en argent, fuivant leur grade.

Du logement.

### 10.

ON fe conformera dans le Corps-royal du Génie, pour ce qui regarde les récompenfes militaires, a ce qui eft prefcrit par le *Titre VIII de l'Ordonnance d'Adminiftration,* *aux articles 1, 2, 3, 4, 5, 6 & 7.*

Récompenfes militaires.

# TITRE V.

## *Service du Corps-royal du Génie dans les Places* *& fur les Frontières.*

### ARTICLE PREMIER.

LE grade à l'avenir décidera feul du commandement dans le fervice intérieur du Corps-royal du Génie, tant dans les Places que dans les Armées ; à grade égal, l'ancienneté de commiffion décidera ; à égalité de grade & d'ancienneté de commiffion, l'ancienneté dans le Corps décidera du commandement : Se réferve feulement Sa Majefté, d'avoir l'égard convenable aux fervices de guerre des Officiers dudit Corps-royal du Génie, tant pour la nouvelle formation du Corps, que pour la diftribution des grades à accorder par la fuite.

Commandement dans le Corps.

Entend Sa Majefté, que les Ingénieurs en chef de l'ancienne compofition, ayant un emploi fupérieur à tous les Ingénieurs ordinaires, foient préférés à ceux-ci pour

D

les places de Major & de Lieutenant-colonel, qui seront accordées par la présente formation.

## 2.

*Changement de résidence.*

LES Directeurs changeront quelquefois de direction; les brigades changeront de direction tous les cinq ans au moins : mais lorsque plusieurs brigades seront de service dans la même direction, ces brigades ne changeront jamais toutes de direction à la fois, ni dans la même année; & lorsqu'elles feront un mouvement, ce sera de proche en proche, relativement à la situation des frontières.

## 3.

*Répartition des Brigades dans les Places.*

SA MAJESTÉ laisse à chaque Directeur le soin de répartir dans les Places & selon les besoins réels du service, les Officiers composant les brigades qui se trouveront à ses ordres; lui enjoignant toutefois d'assigner un district fixe & séparé à chacune desdites brigades, quand il s'en trouvera plusieurs employées dans sa direction.

## 4.

*Commandement des sections.*

QUAND un Directeur n'aura qu'une brigade à ses ordres, il assignera pareillement un district séparé à chaque section de ladite brigade; le Chef de brigade aura le commandement sur les Officiers de la première section, dans toute l'étendue du district séparé; le Sous-brigadier aura la même autorité dans l'étendue du district assigné à la seconde section; le Major aura le commandement de la troisième section.

## 5.

*Directeurs responsables de l'entretien des Places.*

SA MAJESTÉ, en remettant aux Directeurs du Corps-royal du Génie le pouvoir de répartir ainsi les Officiers des brigades, Elle entend les rendre personnellement responsables de toutes les négligences contraires à l'entretien de ses Places de guerre.

## 6.

LES Directeurs ne seront plus astreints aux tournées

31. Décembre 1776

15

fixes du printemps & d'automne, auxquelles les tenoit obligés l'*article 51 de l'Ordonnance du 10 mars 1759*; mais Sa Majesté leur enjoint expressément de se porter exactement où les besoins du service exigeront leur présence, de façon à visiter au moins tous les deux ans, la totalité des places de leur direction. Les Commandans de district rendront compte à la fin de l'année, de la capacité & bonne conduite des Officiers qui seront à leurs ordres, au Directeur qui en informera le Secrétaire d'Etat de la guerre.

Les Mémoires concernant des demandes de congé, ou de telle autre grâce que ce puisse être, ne seront remis au Secrétaire d'Etat de la guerre, que par les Directeurs, d'après le compte qui leur aura été rendu des Officiers des brigades, par les Commandans de district. Les Directeurs seront très-réservés sur les demandes de congés, qui ne devront être accordés aux Officiers du Génie, que de deux années l'une, hors les cas extraordinaires.

A l'égard des Directeurs, ils auront la liberté de vaquer à leurs affaires, depuis le premier Novembre jusqu'au premier Avril suivant. Ils informeront de leur départ, le Secrétaire d'État de la guerre & le Commandant de la province.

7.

LORSQUE les Directeurs visiteront les Places de leur direction, ils y jouiront des honneurs, prééminences & prérogatives attribués suivant leur grade, aux Officiers généraux & Brigadiers employés dans les Places ou aux Armées.

Quant au lieu de leur résidence, Sa Majesté entend qu'ils ne jouiront de ces honneurs & prérogatives, qu'en l'absence de son Lieutenant dans la Place; le mot & l'ordre leur seront portés par un Officier de l'État-major de la Place. A l'égard des autres Officiers du Corps-royal du Génie, détachés dans les Places ou aux Armées, ils y jouiront des mêmes honneurs, prérogatives & commandement attribués, suivant le grade & l'ancienneté, aux Officiers d'Infanterie.

### 8.

*Compte à rendre par les Officiers.*

QUAND les districts seront assignés par brigade, les Officiers particuliers du Corps-royal du Génie ne rendront compte qu'aux Chefs de brigade, & ceux-ci aux Directeurs : quand les districts seront assignés par section, les Officiers particuliers rendront compte aux Commandans de section. Les Commandans de district, soit qu'ils soient Chefs de brigade, Sous-brigadiers ou Majors, rendront compte immédiatement aux Directeurs.

### 9.

*Les Directeurs pourront changer les districts.*

TOUTES les fois qu'un Directeur jugera à propos, dans le cours de l'année, d'apporter quelque changement dans cette première répartition de district, il en sera le maître ; mais il en fera part sur le champ au Secrétaire d'État ayant le département de la guerre.

### 10.

*Inventaire des Plans & Mémoires.*

CHAQUE Directeur vérifiera l'inventaire des plans, cartes, mémoires, registres & papiers relatifs à chaque place de sa direction ; si cet inventaire n'existe pas, il le fera dresser ; s'il est incomplet, il le complettera : il en enverra un double au Secrétaire d'État ayant le département de la guerre, & n'en confiera l'original qu'à l'Officier du Corps, qui en son absence, commandera dans la direction.

### 11.

*Extrait de l'inventaire.*

RELATIVEMENT à chaque district & à chaque place en particulier, il y aura un extrait de cet inventaire général, & les extraits particuliers en seront confiés successivement à chaque Commandant de district, ou autre Officier du Corps.

### 12.

SA MAJESTÉ permet au Directeur, qui aura à

remettre

**17**

remettre les papiers de sa direction à l'Officier du Corps, commandant en son absence, de renfermer sous une enveloppe scellée de son cachet, avec une note signée de lui, ceux desdits papiers qu'il jugera devoir tenir secrets ; ceux-là lui seront remis dans le même état, à son retour. En cas de dépôt semblable, il en sera fait mention dans l'inventaire, qui sera dressé & signé du Directeur absent, aussi-bien que de l'Officier commandant en son absence.

**13.**

EN cas de mort d'un Officier du Corps, employé en chef dans une Place, les papiers concernant les fortifications seront remis au Major ou à l'Aide-major de la Place : celui-ci sera tenu d'en donner avis, à l'instant, au Commandant du district, & de lui remettre lesdits papiers, dès qu'il se présentera pour les recevoir ; mais en attendant l'arrivée de cet Officier, le scellé y aura été apposé, immédiatement après le décès, par le Major, qui ne pourra le lever qu'en présence du Commandant du district ou autre Officier commis par lui, pourvu d'un ordre par écrit dudit Commandant de district.

*Papiers remis en cas de mort.*

En cas de mort du Commandant de district, le Major de la Place en informera le Directeur, & ne sera la remise des papiers qu'à lui ou à l'Officier auquel il aura donné par écrit l'ordre de les recevoir.

En cas de mort d'un Directeur, le Major de la Place en rendra compte au Secrétaire d'État ayant le département de la guerre, & demeurera dépositaire des papiers de la direction, auxquels le scellé aura été également apposé, jusqu'à ce qu'il ait été autorisé par Sa Majesté à les remettre à l'Officier du Corps, qui lui sera indiqué.

**14.**

AU dépôt de chaque Place de guerre, sera attaché un grand plan, nommé *Directeur* : s'il n'y en a point, un des premiers soins de l'Officier supérieur du Corps dans la Place, sera d'en lever ou faire lever un, sur une échelle

*Plan Directeur.*

E

de quatre pouces pour cent toifes. Sur ce plan, toutes les parties de la Place feront figurées, avec la plus grande précifion & dans le plus grand détail ; les bâtimens royaux y feront particulièrement défignés : il y fera diftingué dans la légende, les bâtimens entretenus fur le fonds des fortifications, ceux qui font à la charge de l'Artillerie, de l'Extraordinaire des guerres & des villes. Ce plan fera collé fur toile, & figné par le Directeur ; il fervira pour tous les projets de la Place, & ne pourra être tranfporté hors de la maifon de l'Officier du Corps, employé en chef dans la Place.

## 15.

*Plan de la Place.* L'OFFICIER fupérieur du Corps fera lever auffi un plan exact de la Place, s'il n'en exifte pas au dépôt, où feront marqués les environs, jufqu'à la diftance d'une lieue au moins en tout fens ; fur ce plan, feront exactement exprimés les foffés, ravins, monticules, rideaux, bois, haies, maifons, chapelles, ruiffeaux, étangs, flaques d'eaux, & autres particularités qui peuvent fervir à reconnoître le local : ce plan fera levé fur une échelle d'un pouce pour cent toifes.

## 16.

*In-folio pour le fervice.* DANS le dépôt des papiers de chaque Place, il y aura pareillement un grand livre in-folio, coté & paraphé à toutes les pages par l'Officier du Corps, employé en chef dans ladite Place ; le nombre des pages dudit in-folio fera en outre certifié & vifé par le Directeur : Sur ce livre, ledit Officier enregiftrera tous les plans & profils relatifs aux toifés & attachemens généraux de toute efpèce d'ouvrages ; ils y feront tous infcrits au même inftant qu'ils feront pris, & feront fignés par l'Officier du Corps, chargé de la conduite particulière de l'ouvrage, & par l'Entrepreneur.

## 17.

CHAQUE Officier du Corps-royal du Génie, employé dans une Place, aura une copie du plan de la Place, fur

<sup></sup>

**19**

un pouce pour cent toises. Sur ce plan, seront indiquées toutes les pièces de la fortification & tous les bâtimens appartenans au Roi : quand ledit Officier passera d'une Place dans une autre, il remettra ce plan au dépôt de la Place à la suite de laquelle il cessera d'être employé.

## 18.

*Registre à chaque
Officier.*

CHAQUE Officier du Corps aura en outre, & relativement à la Place où il résidera, un registre, à la tête duquel sera copié l'état des ouvrages ordonnés par Sa Majesté pour l'année courante; audit état, seront joints les plans & profils, les devis, conditions & marchés desdits ouvrages.

## 19.

*Visite à l'arrivée
d'une Troupe.*

A L'ARRIVÉE d'une troupe dans la Place, un Officier du Corps sera, conjointement avec un Officier-major de la Place & un de la troupe, la visite des casernes & ustensiles appartenans à Sa Majesté, & remis à ladite troupe ; il sera fait un inventaire de leur état actuel : chacun de ces Officiers gardera une copie dudit inventaire, laquelle sera signée de ces trois Officiers. La même visite sera faite au départ de la troupe ; si elle se trouve avoir commis quelque dégradation, l'Officier du Corps en rendra compte à son Supérieur ; celui-ci en donnera un état estimatif signé de lui : Ledit état sera remis par le Directeur à l'Intendant de la province, & en son absence, au Commissaire des guerres chargé de la police de ladite troupe, afin que la retenue soit faite en raison du dommage.

## 20.

*Visite
des Commandans
de Province.*

LORSQUE les Commandans de province & les Lieutenans généraux de division feront leur visite, ils pourront se faire accompagner du Chef de brigade, ou d'un autre Officier de la brigade, qui leur rendra compte de tout ce qui aura rapport au service des fortifications ; il leur donnera communication de tous les papiers qui lui seront confiés, des plans, projets & mémoires concernant les fortifications, fans qu'il foit permis de les déplacer, ni de leur en donner des copies : cependant les Directeurs feront tenus de fe rendre chez le Commandant de la province feulement, avec les plans, mémoires & projets, toutes les fois qu'il l'exigera.

### 21.

*Vifite des Ouvrages par les Officiers généraux.*

CES Officiers généraux pourront auffi vérifier dans les vifites qu'ils feront, l'exécution des ouvrages faits pendant l'année.

### 22.

*Communication des projets auxdits Officiers.*

LES Directeurs du Corps-royal du Génie, les Chefs de brigades & autres Officiers du Corps, communiqueront auffi lors de fa vifite, à l'Officier général, commandant dans la province, ou à celui qui commandera la divifion, lorfque celui-ci y aura été autorifé par Sa Majefté, les projets & eftimations de l'année fuivante, pour les conftructions & réparations des ouvrages de fortification & bâtimens militaires. Lefdits projets & eftimations ne pourront être adreffés au Secrétaire d'État de la guerre, qu'après avoir été examinés par le Commandant de la province ou le Commandant de la divifion, qui lui feroit part de fes obfervations, s'il y reconnoiffoit quelque chofe de contraire à la fûreté de la Place & au bien du fervice.

### 23.

*Adjudication.*

LES devis pour les adjudications à faire des ouvrages de fortification, feront adreffés par le Directeur, au Secrétaire d'État de la guerre, qui les fera paffer enfuite à l'Intendant de la province, qui autorifera le Commiffaire des guerres, & à fon défaut, le Subdélégué, à faire afficher les placards & à procéder à l'adjudication au rabais, en préfence du Commandant de la Place & de celui du Génie, ou autre Officier fupérieur des brigades, du Maire ou Officier municipal, cenfé avoir connoiffance du prix des matériaux & de la main-d'œuvre du pays. Aucun fujet ne pourra être admis à mettre au rabais, qu'il n'ait été

reconnu

21

reconnu capable, & d'un art propre aux entreprises d'un ouvrage de cette nature : celui à qui les ouvrages seront adjugés, sera tenu de fournir bonne & valide caution entre les mains du Commissaire des guerres qui aura été chargé de dresser le procès-verbal d'adjudication, dont il enverra une expédition à l'Intendant de la province, qui l'adressera au Secrétaire d'État de la guerre, pour avoir son approbation.

## 24.

IL sera dressé un autre procès-verbal signé des assistans, qui certifieront que tous ceux jugés capables de remplir les conditions du devis & du marché, auront été admis à faire librement leurs rabais, & que l'adjudication aura été faite au meilleur marché possible; ce procès-verbal sera adressé par le Commandant du Génie, au Secrétaire d'État de la guerre : il en sera adressé un double par le Commissaire des guerres, à l'Intendant de la province. Dans le cas où le Directeur, ou autre Officier du Corps, auroit connoissance de quelques connivences secrètes, pratiquées par l'Adjudicataire pour se procurer des rabais plus avantageux, ou qu'il manqueroit de fidélité dans l'exécution des ouvrages, & qu'il n'auroit pas la capacité nécessaire, le Directeur en informera l'Intendant de la province, qui en fera part sur le champ au Secrétaire d'État de la guerre, qui donnera ses ordres pour que, suivant la circonstance, le marché soit résilié, & qu'il soit passé une autre adjudication dans les formes ci-dessus prescrites.

L'Intendant de la province informera de même des pratiques secrètes & abus qui viennent d'être détaillés, & dont il pourroit avoir connoissance.

## 25.

L'INTENDANT de la province conviendra avec le Directeur, du jour à fixer pour passer l'adjudication; & le Commissaire des guerres préviendra ensuite, huit jours à l'avance, le Commandant de la Place, le Maire & un

F.

Officier municipal, du jour qui aura été pris pour passer l'adjudication au rabais, afin qu'ils aient le temps de prendre des renseignemens sur les prix des matériaux, des transports & de la main-d'œuvre : L'Officier général commandant la division, en sera également prévenu, pour qu'il puisse, s'il le juge nécessaire, assister à ladite adjudication. Enjoint Sa Majesté, aux Officiers ci-dessus dénommés, de s'y trouver, d'après l'avertissement qui leur en aura été donné ; & leur défend, sous aucun prétexte, de s'en dispenser.

## 26.

*Travaux particuliers sur la frontière.*

ENTEND Sa Majesté, qu'il ne sera fait à l'avenir, dans les provinces frontières, aucune construction d'ouvrage, soit par l'administration des provinces & des villes, soit même par les Ingénieurs des Ponts & Chaussées, soit que ces constructions soient relatives aux ports marchands, aux routes ou aux canaux, que les projets n'en aient été communiqués au Secrétaire d'État ayant le département de la guerre.

## 27.

*Travaux à cinq cents toises autour des Places.*

SA MAJESTÉ enjoint pareillement aux Officiers du Corps-royal du Génie, de ne point souffrir qu'il soit fait aucuns chemin, maison, levée ni chaussée, ni creusé aucun fossé, à cinq cents toises près d'une Place de guerre, sans que l'alignement n'en ait été auparavant concerté avec l'Officier du Corps employé dans la Place : dans tous les cas, ledit Officier sera tenu de prendre les ordres du Commandant du district, qui, selon l'importance de l'objet, prendra l'avis du Directeur, ou décidera provisoirement par lui-même.

## 28.

*Maisons à deux cents cinquante toises de la palissade. Transports des décombres.*

ENTEND aussi Sa Majesté, qu'il ne soit bâti aucunes maisons & clôture de maçonnerie dans les faubourgs & aux avenues des Places, plus près de deux cents cinquante toises de la palissade du chemin couvert : Défendant Sa Majesté à toutes personnes, de quelque qualité & condition

### 23

qu'elles soient, de contrevenir à ses intentions à cet égard, sous peine de désobéissance, & de la démolition & du rasement desdites maisons ou jardins, sans aucun dédommagement. De même, aucune personne ne pourra faire transporter des décombres ailleurs que dans les lieux indiqués par l'Officier du Corps.

### 29.

*TITRE V.*

*Inspection des Bâtimens.*

ENJOINT Sa Majesté à tous les Officiers du Corps-royal du Génie, de tenir la main à ce que les bâtimens du Roi, ne soient point employés à d'autres usages qu'à ceux de leur destination ; qu'il n'y soit logé personne que ses troupes & ceux qui en auront le droit ; & qu'il ne soit mis dans les magasins & greniers desdits bâtimens, ainsi que dans les poternes & souterrains, que les effets appartenans à Sa Majesté, à moins d'un ordre de sa part : Elle ordonne que, pour ôter tout prétexte aux abus, les clés desdits bâtimens, greniers, magasins, poternes & souter-rains seront remises, suivant l'usage, entre les mains de l'Officier du Corps, qu'Elle rend responsable de l'inexé-cution.

### 30.

*Clés des portes des souterrains.*

LES portes & poternes qui pourront donner entrée dans la Place, seront masquées en maçonnerie, ou fermées soli-dement avec bonne porte double de charpente, à leur issue dans le fossé : dans ce dernier cas, les clés de ces portes extérieures, seront remises au Commandant de la Place.

### 31.

*Greniers remis aux Munitionnaires.*

LES Munitionnaires ou autres, à qui Sa Majesté a permis ou permettra de déposer des grains dans les gre-niers des pavillons & casernes, seront tenus de réparer, à leurs dépens, toutes les dégradations causées par ces dépôts : à cet effet, les Officiers du Corps-royal du Génie, avant d'en remettre les clés, dresseront un procès-verbal de visite de l'état de ces bâtimens, qu'ils signeront, ainsi que le Munitionnaire ; ils tiendront pareillement la main à ce que les planchers ne soient pas trop chargés.

TITRE V.

*Connoissances des manœuvres d'eau.*

## 32.

L'OFFICIER du Corps, aura une grande attention à prendre connoissance des éclufes & de la manœuvre des eaux, s'il y en a dans la Place ou aux environs : il reconnoîtra si ces eaux peuvent être détournées ou non, & les moyens d'en accroître ou diminuer l'effet, pour ou contre la défenfe de ladite Place.

## 33.

*Clés des éclufes.*

L'INTENTION de Sa Majefté eft que les clés des éclufes, qui dépendront de la fortification, demeurent entre les mains de l'Officier employé en chef dans la Place ; en fon abfence, ces clés feront remifes à celui qui en fera les fonctions : L'un ou l'autre fatisfera à ces objets, de la manière la plus prompte & la plus convenable au fervice & au bien public.

## 34.

*Clés des éclufes d'entrée dans la Place.*

LORSQUE les portes & vannages des éclufes ferviront en même-temps de fermeture ou d'entrée dans une Place, les clés refteront entre les mains du Commandant, qui ne pourra les refufer à l'Officier du Corps, quand celui-ci les demandera pour opérer la manœuvre des eaux : Laiffe au furplus Sa Majefté, à la prudence du Commandant, à prendre, en pareil cas, les mefures qu'il jugera convenables pour la fûreté de la Place.

## 35.

*Fonctions des Éclufiers.*

LES Éclufiers nommés par Sa Majefté, ou ceux commis par les Magiftrats des villes, n'obéiront qu'aux ordres de l'Officier du Corps, employé en chef ou principal, pour toutes les manœuvres d'eau qu'il conviendra de faire, au moyen des éclufes conftruites dans les Places de guerre & leur dépendance ; cette difpofition aura lieu, foit que les manœuvres d'eau s'exécutent pour l'ufage ordinaire de la navigation, ou pour un objet militaire.

## 36.

*Manœuvres d'eau.*

SA MAJESTÉ trouve bon cependant que les Commandans

25

Commandans de ses Places, prennent connoissance des manœuvres d'eau qui peuvent avoir rapport à la sûreté desdites Places, dans l'étendue de la fortification : Elle enjoint même aux Officiers du Corps-royal du Génie, de communiquer à cet égard leurs dispositions auxdits Commandans ; dans le cas où il y auroit diversité de sentiment, le Commandant de la Place rendra compte au Commandant de la province, l'Officier du Corps au Commandant du district, & celui-ci au Directeur ; le Secrétaire d'État de la guerre en sera informé par le Commandant de la province & le Directeur, auxquels les décisions de Sa Majesté seront ensuite adressées ; dans les cas pressans, le Commandant de la Place donnera un ordre par écrit, & l'Officier du Corps sera tenu de s'y conformer provisoirement.

## 37.

LES inondations autour d'une Place de guerre, ne pourront être formées ou mises à sec, qu'en conséquence d'un ordre exprès de Sa Majesté ; dans un cas pressant, il faudra au moins un ordre par écrit de celui qui commandera dans la province, s'il est à portée de le donner ; à son défaut, on suivra l'ordre du Commandant de la Place. L'Officier du Corps en rendra compte sur le champ au Commandant du district, celui-ci au Directeur, & le dernier, sans délai, au Secrétaire d'État ayant le département de la guerre.

*Inondations autour des Places.*

## 38.

UN Officier du Corps-royal du Génie fera tous les mois, avec un Officier-major de la Place, une visite exacte de tous les bâtimens, corps-de-garde, guérites, ponts, barrières, & autres objets entretenus sur le fonds des fortifications, pour dresser l'état des réparations à y faire ; il aura soin de distinguer ce qui devra être à la charge des troupes, & rendra compte de la situation de sa Place tous les mois au Commandant du district, celui-ci tous les trois mois au Directeur, & le Directeur deux fois

*Visite des fortifications.*

l'an seulement au Secrétaire d'État de la guerre, excepté dans les cas imprévus.

### 39.

*Absence de la résidence.*

NUL Officier du Corps-royal du Génie, ne pourra s'absenter du lieu de sa résidence, sous quelque prétexte que ce puisse être, sans la permission du Commandant du district; celui-ci ne pourra la donner que pour quinze jours au plus, en en prévenant le Directeur, & ce dernier pour un mois, à charge d'en prévenir sur le champ le Secrétaire d'État de la guerre.

### 40.

*Permission d'absence.*

QUANT à la permission à demander aux Commandans des Places, les Officiers du Corps-royal du Génie qui auront à s'absenter, se conformeront à ce qui est porté par *l'article 548 de l'Ordonnance du 25 juin 1750.*

### 41.

*Terme des travaux.*

SA MAJESTÉ entend que tous les travaux de fortifications, à moins de cas extraordinaires, soient suspendus, à commencer du 15 Septembre de chaque année, afin de donner aux ouvrages le temps de se ressuyer avant l'hiver.

### 42.

*Compte à rendre des travaux.*

DANS la seconde quinzaine dudit mois de Septembre, tous les Officiers du Corps de chaque district s'assembleront dans la Place où le Commandant du district sera sa résidence, le 20 dudit mois de Septembre au plus tard: chaque Commandant de district rassemblera chez lui les Officiers du Corps qu'il aura eus à ses ordres pendant l'année; chacun de ces Officiers rendra compte dans ces assemblées particulières, & par écrit, de tous les travaux dont il aura été chargé, des difficultés d'exécution qu'il aura rencontrées, & de l'état dans lequel la fin de la saison l'aura obligé de laisser les travaux. Un résumé général de tous ces comptes rendus, sera dressé en

présence de tous les Officiers du district; chaque article
du résumé sera signé par le Commandant du district, & 
par l'Officier auquel ledit article sera relatif.

## 43.

AVANT le premier Octobre, les Commandans des
districts seront tenus de se rassembler dans les résidences
des Directeurs, & de présenter au Conseil d'Administration
lesdits résumés, ainsi que les mémoires, reconnoissances,
plans & cartes qui leur auront été remis par les Officiers
du Corps, employés dans leur district.

*Assemblée des Commandant de district.*

## 44.

DANS la première assemblée du Conseil d'Administration, le Directeur exposera les travaux les plus nécessaires
à faire l'année suivante dans chaque lieu de sa direction;
tous les dessins relatifs seront mis sous les yeux des
Officiers du Corps, qui seront invités à donner chacun
par écrit leurs idées particulières : le résumé général qui
en sera fait dans les dernières assemblées, & signé de tous
les membres dudit Conseil, sera envoyé par le Directeur
au Secrétaire d'État de la guerre, en même temps que les
projets de l'année suivante.

*Conseil d'Administration des fortifications.*

## 45.

LES mémoires, projets, plans & comptes rendus,
seront remis par le Secrétaire d'État de la guerre au Conseil
des fortifications; on examinera avec soin les résultats
des travaux de l'année, & de ceux proposés pour l'année
suivante. Un résumé, signé des Membres dudit Conseil,
sera remis au Secrétaire d'État de la guerre, qui prendra
en conséquence les ordres définitifs de Sa Majesté, &
les adressera au Directeur.

*Travail du Conseil d'Administration près le Secrétaire d'État.*

## 46.

LORSQUE le Directeur aura reçu l'état des ouvrages
ordonnés par Sa Majesté pour l'année suivante, il en
enverra copie collationnée par lui au Commandant des

*Distribution des travaux.*

districts de sa direction : ces Commandans distribueront respectivement des États desdits ouvrages à chaque Officier du Corps qu'il aura à ses ordres ; & lorsqu'il sera question de renouveler les adjudications & marchés , il y sera procédé dans la forme prescrite par *l'article 23 du présent Titre.*

47.

*Tracé des ouvrages.*

LORSQU'IL y aura quelques ouvrages à tracer ; l'Officier supérieur du Corps se fera aider & accompagner par les Officiers inférieurs ; il leur expliquera les raisons de la construction des ouvrages , leur utilité pour la défense , & les différentes opérations auxquelles la construction donnera lieu en même temps ; l'Officier supérieur délivrera à ceux qui en seront chargés , les plans, profils, devis & marchés nécessaires & approuvés par le Directeur.

48.

*Contre-mines dans les ouvrages.*

LORSQUE selon le projet général d'une Place , il devra être exécuté des contre-mines dans les ouvrages des fortifications, la construction desdites contre-mines , ne pouvant être séparée de celle des ouvrages même, appartiendra aux seuls Officiers du Génie, ainsi qu'il s'est pratiqué jusqu'à présent.

49.

*Contre-mines.*

DANS le cas où il s'agiroit de construire des contre-mines sous les glacis d'une Place, qu'il n'y auroit pas de projet arrêté par Sa Majesté, & qu'on n'auroit pas le temps d'attendre ses ordres, le Commandant des Mineurs se transportera dans le cabinet du Commandant du Génie, qui lui communiquera son projet général sur la Place, & lui montrera les parties qu'il jugera convenables de contre-miner; il lui expliquera les raisons, qui dans la combinaison des différens moyens de défense, lui feront réserver les mines pour ces parties. Ils se concerteront pour la disposition & la quantité de contre-mines à exécuter, de façon à ne faire que ce qui sera nécessaire pour

établir

29

établir l'équilibre entre les différens fronts, & ne point 
se jeter dans des travaux inutiles & surabondans.

50.

LE Commandant du Génie fera part aussi au Com-   *Toisé*
mandant des Mineurs, lorsque le bien du service l'exigera,   *des contre-mines.*
des manœuvres d'eau secrètes qu'il se réserve pour le
temps de siége ; il l'instruira des niveaux auxquels ces
eaux peuvent être élevées, afin qu'ils déterminent ensemble
le sol & les détails de construction des différentes galeries,
de façon que les manœuvres d'eau ne les endommagent
pas, & ne les rendent inutiles dans l'occasion. Ces Officiers rendront compte du tout au Commandant de la
Place : s'ils n'étoient pas d'accord, il décidera, & leur
donnera ses ordres. Quand toutes ces dispositions seront
fixées, l'Officier de Mineurs ne pourra plus s'en écarter
dans l'exécution, qu'il dirigera de concert avec le Commandant du Génie, & tous deux arrêteront aussi de
concert, le toisé général & définitif desdits ouvrages, dont
les attachemens auront été pris conjointement par les
Officiers particuliers des Mineurs & du Génie, chargés
de la conduite de l'ouvrage.

Le toisé sera enregistré sur le livre *in-folio*, déposé dans
le cabinet du Commandant du Génie.

51.

CHAQUE Officier du Corps du Génie fera lui-même tous   *Toisé*
les toisés, & prendra tous les attachemens des ouvrages   *des ouvrages.*
dont il sera chargé ; il les enregistrera aussi-tôt sur l'atelier,
dans le carnet destiné à cet usage ; il les signera, & fera
signer par l'Entrepreneur. Ces carnets serviront ensuite à
dresser le toisé général, à la marge ou en tête desquels
se trouveront les plans, profils & développemens nécessaires
pour l'intelligence parfaite desdits attachemens, dont l'Officier rendra compte immédiatement après à son Supérieur, qui à son tour, les portera sans délai sur son
registre, le signera, ainsi que l'Officier particulier &
l'Entrepreneur.

H

## §2.



LES Officiers du Corps veilleront exactement au travail dont ils seront chargés, & ne laisseront employer aucuns matériaux, sans les avoir auparavant examinés & trouvés conformes aux conditions du marché; dans aucun cas, le Directeur, les Commandans de district, & tout autre Officier du Corps, ne pourront faire aucun changement à ce qui aura été arrêté par Sa Majesté, ni porter un fonds, en tout ou en partie, d'un article à l'autre, à moins d'un ordre supérieur.

## §3.

*Toisé général
&
définitif.*

LORSQUE les ouvrages seront faits, l'Officier supérieur fera, en présence de l'Entrepreneur & de tous les Officiers du Corps, employés dans la Place, le toisé général & définitif; ils le signeront tous: il en sera fait un extrait à l'instant même, pour former l'état apostillé, qui sera remis au Directeur; ces états seront ensuite examinés par le Conseil d'administration du Corps, & envoyés au Secrétaire d'État de la guerre.

## §4.

*Ouvrages neufs.*

AUCUN Officier du Corps ne pourra faire construire aucune pièce de fortification, ni ouvrir la Place, sans en avoir auparavant prévenu le Commandant de ladite Place.

## §5.

*Exercice
sur les
reconnoissances.*

L'INTENTION de Sa Majesté est, que les Officiers du Corps-royal du Génie, s'appliquent particuliérement à acquérir beaucoup d'exactitude & de légèreté dans le dessin, beaucoup d'usage dans la levée des plans & des cartes, & généralement tous les talens propres à procurer une connoissance rapide & sûre du pays.

## §6.

*Temps
des
reconnoissances.*

ENTEND à cet effet Sa Majesté, qu'autant que les constructions nouvelles, les réparations majeures & les

**31**

autres befoins indifpenfables des Places de guerre pourront le permettre, chaque Directeur emploie annuellement & fucceffivement, à peu-près un tiers des Officiers du Corps de fa direction, à perfectionner la reconnoiffance militaire de la frontière, de façon qu'au bout de quatre à cinq ans de féjour de chaque brigade dans la même direction, tous les membres de ladite brigade connoiffent à fond la topographie de la frontière relative, & aient enrichi le dépôt par des plans & des mémoires qui puiffent, en temps de guerre, fervir aux armées, & faire connoître, même en temps de paix, le zèle & les talens de leurs auteurs. A l'égard des frais qu'exigeront les reconnoiffances & la levée des cartes & plans, il en fera adreffé par le Directeur un état tous les fix mois, au Secrétaire d'État de la guerre, qui en ordonnera le payement. Cet état contiendra la dépenfe des journées des manœuvres & des chevaux qui feront employés à cet objet.

**57.**

VEUT Sa Majefté, que les Directeurs, & fous eux les Commandans de diftrict, s'entendent avec les Chefs des Corps, & prennent les ordres des Officiers généraux commandant les divifions, pour faire exécuter le plus fouvent qu'il fera poffible, & en préfence des troupes, des tracés de retranchemens de campagne en tout genre, & adaptés à toute forte de terreins; de façon que ces exercices répétés, procurent aux Officiers du Corps une habitude effentielle à la guerre, & aux troupes, des connoiffances indifpenfables pour l'attaque & la défenfe.

**58.**

TOUTES les fois que ces fimulacres auront lieu, les Afpirans du Corps-royal du Génie, qui fe trouveront à la fuite des régimens, en préfence defquels ils devront s'exécuter, feront demandés aux Colonels des régimens, par les Officiers du Corps en réfidence dans la Place; ces Afpirans feront employés comme aides dans l'exécution

TITRE V.

des tracés de retranchemens de campagne , & autres ouvrages simulés pour l'instruction des troupes.

## 59.

*Défense de donner des plans.* SA MAJESTÉ fait défense à tout Officier du Corps-royal du Génie , de laisser lever , par qui que ce soit , les plans des Places du royaume où ils font leur résidence , ni de laisser prendre des copies de ceux dont ils font dépositaires , à moins d'une permission expresse de Sa Majesté ; le tout , sous peine d'être cassé , & même de plus grande punition , suivant l'exigence du cas.

## 60.

*Défense de communiquer les plans.* TOUT Ingénieur - géographe , tout Entrepreneur & Dessinateur , soit de Directeur , soit de Commandant de district , ou de tout autre Officier du Corps , qui communiquera des plans ou des mémoires , concernant la fortification , sans la permission , par écrit , de celui qui l'aura employé , sera puni très-sévèrement , & même de mort , selon la circonstance du délit.

## 61.

*De l'uniforme.* LES Officiers du Corps-royal du Génie , continueront de porter l'uniforme qui leur a été prescrit par les Règlemens des 2 septembre 1775 & 31 mai 1776 ; mais la coupe du parement & le chapeau des Officiers du Corps , feront en tout conformes à ceux des Officiers d'Infanterie.

Les Sous-lieutenans de l'École de Méziéres , porteront le même uniforme que les Officiers du Corps - royal du Génie.

Tant que les Aspirans du Corps du Génie , feront détachés à la suite de l'Artillerie & des brigades du Génie , ils continueront de porter leur uniforme ; mais ils prendront celui du régiment d'Infanterie à la suite duquel ils feront attachés , avec la différence que l'épaulette fera à fond de tresse d'or , losangée de soie de la couleur du régiment , & ornée de franges d'argent & de soie. Ils

porteront

33

porteront cet uniforme pendant tout le temps qu'ils seront dans lesdits régimens.

Les Lieutenans en premier, employés comme surnuméraires, y seront également assujettis; mais comme ils ont déjà subi tous les examens nécessaires pour leur admission dans le Corps du Génie, ils seront dispensés d'en subir à l'avenir, pour faire partie des brigades.

## 62.

QUICONQUE n'étant pas du Corps-royal du Génie, en portera l'uniforme, sera arrêté & conduit en prison : il en sera rendu compte au Secrétaire d'État de la guerre, qui prendra les ordres de Sa Majesté à ce sujet.

*Défense sur l'uniforme du Corps.*

## 63.

TOUT Officier du Corps, qui aura dressé volontairement quelques mémoires relatifs à une Place ou frontière, étrangère à la direction où il se trouvera employé pour le moment, sera le maître de les adresser, signés ou non signés, directement au Conseil d'Administration : quant aux mémoires relatifs à la direction où un Officier se trouvera employé, il ne pourra les remettre qu'au Commandant du district.

*Mémoires concernant le service.*

## 64.

LECTURE desdits mémoires & projets, sera faite au Conseil d'Administration, en présence de tous les Membres dudit Conseil ; & lorsque ces mémoires seront jugés dignes de l'attention particulière de Sa Majesté, ils seront adressés au Secrétaire d'État de la guerre, par ledit Conseil, avec le nom de l'Auteur, s'il a signé son mémoire ; ou avec son nom sous cachet, ou sans nom, si l'Auteur a exigé l'une ou l'autre de ces conditions en adressant son ouvrage : Le tiers des voix suffira pour en déterminer l'envoi.

*Approbation pour l'envoi des Mémoires.*

## 65.

LES procédés nouveaux, tendans à la solidité & à l'économie de la construction, les épreuves nouvelles &

*Récompenses des Mémoires sur le service.*

tous les projets, qui pourront être de quelque utilité réelle pour le service, seront de même présentés au Secrétaire d'État de la guerre, qui s'en fera rendre compte par le Conseil des fortifications : Et quand ces mémoires seront jugés dignes de quelque importance, des récompenses pécuniaires, & même des grades, pourront être accordés aux Auteurs, selon l'utilité de leurs découvertes.

### 66.

*Conseil pour l'entretien des Places.*

ENFIN, c'est dans le Conseil des fortifications, assemblé tous les ans dans le mois de Décembre, & composé au choix du Secrétaire d'État de la guerre, que seront examinés, en dernier ressort, les projets relatifs aux Places qu'il sera question de réparer, d'augmenter, de réduire, ou d'abandonner.

# TITRE VI.

## Service du Corps-royal du Génie dans les Armées.

### ARTICLE PREMIER.

*Brigades pour l'armée.*

EN temps de guerre, les brigades devant servir dans les armées, ne seront composées que d'Officiers en état d'en soutenir les fatigues, & propres à remplir toutes les fonctions auxquelles ils seront destinés.

### 2.

*État-major du Corps à l'armée.*

LORSQUE Sa Majesté fera assembler des brigades, pour servir aux armées, il sera fait choix d'un Commandant en chef, d'un Commandant en second, d'un Major, & d'un Aide-major; qui seront pris, le premier, parmi les Directeurs ; le second, parmi les Chefs de brigade ; le Major, parmi les Sous-brigadiers ou Majors; & l'Aide-major, parmi les Capitaines en premier ou Capitaines en second.

### 3.

*Commandement de Troupes.*

LE Général de l'armée pourra confier aux Officiers

35

du Corps, dans la proportion de leur grade, le commandement sur les troupes, dans les détachemens ou postes où se trouveront lesdits Officiers ; mais en pareil cas, le Général expédiera un ordre exprès, par écrit, à ceux qu'il jugera dignes de cette marque de confiance. Sa Majesté jugeant qu'il est du bien de son service, que les Officiers généraux & autres Officiers supérieurs du Corps-royal du Génie, se livrent entièrement au service des fortifications, Elle ordonne que lesdits Officiers généraux, ainsi que les Brigadiers dudit Corps, qui seront pourvus de lettres de service, ne fassent qu'une fois, pendant la campagne, ainsi que le Chef de brigade & le Sous-brigadier, le premier, en qualité de Colonel, & le second, en qualité de Lieutenant-colonel, le service de jour à l'armée, suivant leur grade & leur ancienneté.

### 4.

Le Commandant en chef du Corps du Génie, dans chaque armée, rendra compte directement au Général de l'armée, de ce qui concernera le service des brigades : à son défaut, le Commandant en second en sera chargé, & au défaut de celui-ci, le plus ancien Chef de brigade fera les mêmes fonctions.

*Compte à rendre au Général de l'armée.*

### 5.

Le Commandant en chef chargera, à son choix, des différens détails, ceux des Officiers qu'il aura à ses ordres, & qu'il croira les plus propres à les bien remplir ; mais, en accordant cette étendue de pouvoir audit Commandant en chef, Sa Majesté entend le rendre spécialement responsable de toutes les négligences qui pourroient compromettre le service.

*Commandant du Corps, responsable du service.*

### 6.

Le Major se trouvera tous les jours à l'ordre chez le Major général de l'Infanterie ; il portera ledit ordre à son Commandant, recevra les siens en conséquence, & les fera passer aux Chefs de brigade, par un Officier de chaque brigade, qui viendra les prendre chez lui. Le

*Fonctions du Major.*

même Major commandera les Officiers à l'ordre, pour le service ; il arrêtera aussi, avec le Trésorier & le Munitionnaire, les décomptes des Officiers du Corps.

### 7.

*Décès des Officiers à l'armée.*

LORS du décès d'un Officier du Corps, à l'armée ou dans les quartiers de cantonnement, le Major apposera le scellé, & fera l'inventaire & la vente des effets du défunt, de la manière prescrite pour les Majors d'Infanterie, par l'article *606 & les suivans, de l'Ordonnance du 17 février 1753.*

### 8.

*Fonctions de l'Aide-Major à l'armée.*

DANS chaque armée, où il y aura au moins deux brigades du Corps-royal du Génie employées, il sera en outre, nommé un Aide-major, au choix du Commandant en premier : les fonctions de cet Aide-major, consisteront particulièrement à prendre soin du logement, de la fourniture du pain, du fourrage & du bois, & à porter les ordres du Commandant ; il aidera le Major dans ses fonctions, ira à sa place, dans le cas de nécessité, à l'ordre, chez le Major général, pour porter ledit ordre à son Commandant, & le donner ensuite chez le Major, s'il est absent, aux Officiers des différentes brigades, qui ne s'assembleront pas ailleurs à cet effet.

### 9.

*Garde d'honneur au Commandant à l'armée.*

IL sera donné une garde de dix hommes & un Sergent, au Commandant en chef du Corps ; s'il est Officier général, il en aura une selon son grade.

### 10.

*Logement à l'armée.*

LE Commandant du Corps, dans chaque armée, aura toujours un logement convenable à ses fonctions, au quartier général, ou le plus près que faire se pourra. Les Officiers qui seront sous ses ordres, seront également partie du quartier général.

### 11.

*Le mot & l'ordre à l'armée.*

LE Commandant du Corps entrera tous les jours à l'ordre, & en cette qualité, chez le Général de l'armée :

Le

**37**

Le Major dudit Corps, recevra le mot du Maréchal-de-camp de jour.



*Officiers de campement.*

**12.**

CHAQUE jour de marche, il sera commandé un Chef de brigade, Sous-brigadier ou Major, pour accompagner le Maréchal-de-camp de jour au campement, exécuter ses ordres, prendre une connoissance exacte de la situation du camp, & reconnoître les ouvrages & retranchemens dont il seroit susceptible. Un Officier particulier dudit Corps, accompagnera également le Maréchal-de-camp de jour, à l'effet de dessiner le terrein du camp, dont il donnera le plan au Général.

**13.**

*Défense de donner des plans.*

DÉFEND de nouveau Sa Majesté, & très-expressément, à tout Officier du Corps-royal du Génie, servant dans ses armées, de donner ou envoyer aucun plan de Places ou des ouvrages qu'il aura exécutés, si ce n'est au Général de l'armée, ou à l'Officier général, commandant le Corps de troupes avec lequel il sera détaché.

**14.**

*Défense de quitter sa brigade à l'armée.*

DÉFEND pareillement Sa Majesté, à tous Chefs de brigade, Sous-brigadier, Majors & autres Officiers du Corps, de quitter, sous tel prétexte que ce soit, leur brigade, sans la permission du Commandant & du Général de l'armée.

**15.**

*Officiers demandés par les Généraux.*

LORSQU'UN Officier général, commandant quelque division, aura besoin d'un ou de plusieurs Officiers du Corps du Génie, pour le service, il en sera la demande au Général de l'armée, qui ordonnera au Commandant en premier dudit Corps, de désigner ceux qui pourront être choisis, sans intervertir l'ordre du service des brigades.

**16.**

*Officiers près le Général, un jour d'affaire générale.*

LE jour d'une affaire générale, le Commandant du Corps, le Major & deux Officiers dudit Corps, se tien-

K

dront près du Général, qui leur donnera ses ordres pour la distribution & l'emploi des autres Officiers du Corps.

### 17.

*Plan général d'attaque d'une place.*

QUAND le siége d'une Place aura été résolu, les Officiers du Génie se rendront avec les premières troupes devant cette Place, pour en commencer aussi-tôt la reconnoissance. Le Commandant en chef, & les principaux Officiers du Génie reconnoîtront avec soin la disposition générale & relative des ouvrages, & ils chargeront les Officiers les plus intelligens de reconnoître en détail chaque front ; ensuite, rassemblant les résultats de toutes les reconnoissances & observations particulières, l'on construira un plan de la Place, aussi juste qu'il sera possible. Ce plan servira pour asseoir le plan général de l'attaque, que le Commandant en chef du Génie, aidé des principaux Officiers, formera, & qu'il présentera au Général, commandant le siége.

### 18.

*Compte à rendre du progrès des attaques.*

LE Commandant en chef du Corps du Génie, dirigera les opérations du siége, sous l'autorité du Général ; il lui rendra compte directement, prendra ses ordres pour tout ce qui regardera les Officiers dudit Corps & le service de la tranchée : il lui remettra tous les jours une copie du plan sur lequel seront marqués les progrès des attaques ; il en enverra une autre également tous les jours au Secrétaire d'État ayant le département de la guerre.

### 19.

*Emplacemens des batteries.*

LA disposition des tranchées & autres travaux du siége, supposant nécessairement des emplacemens de batteries, le Commandant du Géine exprimera sur son plan d'attaque lesdites batteries, & proposera, de concert avec le Commandant de l'Artillerie, au Général commandant le siége, celles que la suite des opérations pourra exiger.

### 20.

*Concert entre le Commandant*

LORSQU'ON fera usage des mines, le Commandant en chef du Génie donnera journellement connoissance au

39

Commandant des Mineurs, du travail de la tranchée projetée, & ces Officiers conviendront ensemble de la quantité d'ouvrage que chacun se proposera de faire, & de sa direction.

TITRE VI.<br>du Génie<br>& celui<br>des Mineurs.

Indépendamment du concert établi par le présent article, l'Officier supérieur du Génie, de tranchée, & l'Officier supérieur des Mineurs, se rendront compte de temps en temps de l'état de leurs ouvrages respectifs; ils en compareront les progrès, afin de voir si les travaux du dessus & ceux du dessous se correspondent bien, & s'ils reçoivent des uns & des autres, toute la protection qu'ils se doivent.

### 2 1.

Service<br>du Commandant<br>du Corps<br>dans une<br>Place assiégée.

DANS une Place assiégée, lorsque le Chef du Génie ne commandera pas, il dirigera la défense de la même façon qui a été expliquée pour l'attaque, proposant journellement au Commandant de la Place tous les moyens qui pourront concourir à la meilleure défense. Dans le cas où l'on feroit usage des mines, le Commandant du Génie & celui des Mineurs, se conformeront aux dispositions détaillées par *l'article 49 du titre V de la présente Ordonnance.*

### 2 2.

Fonctions<br>des Commandants<br>à un siége.

DANS le même cas où il s'agira de former un siége, outre le Commandant en second, il sera nommé par Sa Majesté un Commandant en troisième; ils feront conjointement le détail de la tranchée, d'après les ordres du Commandant en chef, & ne feront attachés à aucune des brigades. L'un ira tous les soirs montrer au Chef de brigade, ou autre Officier supérieur qui montera la tranchée, l'ouvrage qu'il aura à faire, conformément aux ordres qu'il aura reçus du Commandant; il l'instruira des moyens & des précautions qu'il devra prendre, & décidera sur les difficultés qui pourroient survenir pour les débouchés; l'autre ira dès le point du jour, reconnoître l'ouvrage fait pendant la nuit, examiner les moyens à employer, & le chemin à tenir relativement au plan arrêté pour les attaques:

il donnera à ce sujet les instructions nécessaires au Chef de brigade, ou autre Officier supérieur. Il fera le dispositif du projet pour le travail de la nuit suivante, & l'un & l'autre à leur retour, rendront compte de leurs observations au Commandant en chef, afin qu'il soit en état de recevoir sur le tout, les ordres du Général.

### 23.

*Fonctions du Major à un siége.*

QUAND le Commandant en chef aura donné ses ordres sur le travail de la tranchée, le Major du Corps ira en conséquence demander au Major général de l'Infanterie, le nombre de travailleurs de nuit & de jour jugé nécessaire; il préviendra l'Officier-major d'Infanterie, du dépôt de tous les matériaux & outils qui devront être préparés ou transportés pour le service de la tranchée : il payera les Sapeurs & les Mineurs, tiendra un état exact & détaillé, jour par jour, de ses payemens, ainsi que de ce qui aura été fourni & employé : à la fin du siége, il en remettra une copie signée de lui au Commandant en chef du Corps. Les billets de travailleurs seront donnés par les Officiers du Corps, aux ordres desquels ils auront travaillé, ensuite visés par le Major, ou celui qui en fera les fonctions, & payés par le Trésorier ou son Commis : les billets ne pourront être délivrés qu'à ceux des travailleurs qui resteront jusqu'à la fin du travail.

### 24.

*Fonctions de l'Aide-Major à un siége.*

L'AIDE-MAJOR ira tous les jours porter le mot & l'ordre au Commandant en second, & au Commandant en troisième chargé du détail.

### 25.

*Sergens d'Infanterie attachés au Corps du Génie.*

LORS de l'investissement de la Place, le Major du Corps demandera au Major général de l'Infanterie, deux Sergens intelligens, pour le Commandant en chef, un pour chacun des deux Officiers du Corps, chargés du détail de la tranchée, un pour le Major, & deux pour chaque brigade : ces Sergens, ou Soldats auxquels on donnera le rang de Sergent, seront choisis entre les plus

actifs

actifs & les plus éprouvés ; ils ne feront point de service à leurs Corps ; ils resteront aux ordres des Officiers du Génie pendant tout le siége, & feront payés ainsi qu'il est d'usage.

TITRE VI.

## 26.

HORS le cas de siége, & pendant tout le temps que les Officiers du Corps resteront à l'armée, le Commandant en chef, le Commandant en second & le Major, auront avec eux des Sergens, ainsi qu'il a été prescrit par l'article précédent : ils seront tirés de l'Infanterie, & non des compagnies de Mineurs & Sapeurs, comme par le passé.

Sergens<br>d'Infanterie,<br>attachés<br>aux Officiers<br>supérieurs.

## 27.

TOUS les Officiers du Corps seront logés le plus près de la queue de la tranchée que faire se pourra.

Logement<br>des Officiers<br>à un siége.

## 28.

LES travailleurs de nuit & de jour, seront comptés avec la plus grande exactitude au dépôt, où ils auront ordre de s'assembler, par les Officiers du Génie, qui iront les y chercher pour les conduire au travail de la tranchée.

Travailleurs<br>de tranchée,<br>comptés<br>par les Officiers.

## 29.

LES travailleurs de nuit & de jour, ne pourront être payés que sur le certificat de l'Officier principal de chaque section, qui les aura employés, lequel certificat sera visé par l'Officier général commandant la tranchée, & par le Major du Corps du Génie ; bien entendu que le payement ne sera fait qu'à ceux qui se trouveront présens à la fin du travail.

Payement<br>des Travailleurs.

## 30.

LES claies & gabions qui seront fournis, ne pourront être payés que sur le certificat de l'Officier du Corps, qui aura été nommé pour les examiner & les recevoir au dépôt. Sa Majesté lui enjoint de n'en recevoir aucun qui ne soit bien fait, & des dimensions qui auront été prescrites.

Payement<br>des Gabions.

L

## 31.

TITRE VI.

*S'armer
de la cuirasse
&
pot-en-tête.*

LES Officiers du Corps seront tenus, toutes les fois qu'ils feront des logemens & des débouchés pour les sapes, & toutes les fois qu'ils traceront des tranchées sous le feu de l'ennemi, de s'armer de pot-en-tête & de leur cuirasse, sous peine aux contrevenans d'être renvoyés sur le champ à leur résidence.

## 32.

*Service
dans une Place
conquise.*

AUSSI-TÔT que la Place assiégée aura capitulé, le Commandant du Corps prendra l'ordre du Général pour y envoyer un Officier du Corps-royal du Génie : cet Officier prendra connoissance des mines, galeries, souterreins & poternes de communication, & dressera un état de tout ce qui peut concerner les fortifications.

## 33.

*Officiers
désignés pour une
Place conquise.*

LE Commandant proposera au Général les Officiers du Corps, qu'il croira les plus utiles pour entrer dans la Place en même temps que les troupes.

## 34.

*Compte à rendre
d'une
Place conquise.*

IL recevra en même temps les ordres du Général, sur tout ce qui concerne la fortification de la Place, les fera exécuter, & en rendra sur le champ au Général de l'armée un compte par écrit, que ledit Général fera passer sans délai au Secrétaire d'État ayant le département de la guerre.

## 35.

*Service de chaque
Officier.*

POUR mettre le Secrétaire d'État de la guerre en état de tenir compte aux Officiers du Corps du Génie, de leurs services de guerre, le Commandant en chef se fera rendre compte en général par les Chefs de brigade, à la fin de chaque campagne, de leurs services de toute espèce; il en fera donné un état détaillé, qui fera lû ensuite à haute voix en présence de tous les Officiers du Corps assemblés, afin qu'ils puissent faire les représentations

43

qu'ils croiront convenables: S'il survenoit à cet égard quelques contestations, le Commandant requerroit au besoin les sentimens des Officiers supérieurs. Cet état, après avoir été signé du Commandant en chef, des deux Officiers chargés du détail, & du Major, sera envoyé au Secrétaire d'État de la guerre, & sera enregistré.

TITRE VI.

## 36.

ENFIN, pour donner au zèle des Officiers du Corps-royal du Génie un nouvel encouragement, & un nouveau ressort à leur émulation, veut bien Sa Majesté déroger à l'article 29 de l'Ordonnance du 10 mars 1759, & se réserver à l'avenir de pouvoir employer quelques Officiers dudit Corps dans les États-majors de ses armées.

Officiers employés dans les États-majors d'armée.

## 37.

ENTEND Sa Majesté que les Ordonnances & Réglemens rendus sur le fait des fortifications, soient exécutés en tout ce qui n'est pas contraire à la présente.

Se conformer aux Ordonnances, en ce qui n'est pas contraire à celle-ci.

MANDE & ordonne Sa Majesté aux Officiers généraux ayant commandement sur ses troupes, aux Gouverneurs & Lieutenans généraux dans ses provinces, aux Gouverneurs & Commandans de ses villes & places, aux Directeurs du Corps-royal du Génie, aux Intendans dans ses provinces, sur ses frontières & dans ses armées, aux Commissaires des guerres, & à tous autres ses Officiers qu'il appartiendra, de tenir la main à l'exécution de la présente Ordonnance, qui aura lieu à commencer du 1.er Janvier 1777.

FAIT à Versailles le trente-un décembre mil sept cent soixante-seize. *Signé* LOUIS. *Et plus bas*, SAINT-GERMAIN.

## TABLEAU des douze DIRECTIONS & Vingt-une BRIGADES du Corps-royal du Génie.

| DIRECTIONS. | BRIGADES. | PLACES. |
|---|---|---|
| FLANDRE de terre, Partie de l'ARTOIS & du CAMBRESIS. | LILLE........ CAMBRAI..... | Lille. Douai. Cambrai. Arras. Bapaume. Béthune. Lens. Hesdin. |
| Partie de l'ARTOIS, PICARDIE, CALAISIS, BOULONOIS, SOISSONNOIS & FLANDRE Maritime. | SAINT-OMER.. AMIENS...... | Saint-Quentin. Péronne. Doulens. Abbeville. Amiens. Montreuil. Ham. Guise. La Fère. Dunkerque. Bergues. Gravelines. Calais. Boulogne. Ardres. Aire. Saint-Omer. Saint-Venant. |
| HAYNAULT & CHAMPAGNE. | VALENCIENNES. MAUBEUGE.. | Valenciennes. Condé. Bouchain. Le Quesnoy. Maubeuge. Landrecies. Avesnes. Philippeville. Charlemont. Mariembourg. Rocroi. Mézières. |

45

| DIRECTIONS. | BRIGADES. | PLACES. |
| --- | --- | --- |
| *Les* ÉVÊCHÉS *&* la LORRAINE. | METZ........ THIONVILLE.. | Metz. Thionville. Longwy. Sierck. Rodemack. Montmédi. Stenai. Carignan. Sarrelouis. Moyenvic. Marſal. Sedan. Bouillon. Verdun. Toul. Nanci. Bitche. |
| ALSACE. | STRASBOURG. LANDAU..... | Straſbourg. Landau. Fort-Louis du Rhin. Lauterbourg. Lignes de la Lauter. Lignes de la Queiche. Neuf-Briſack. Fort-Mortier. Huningue. Landskroon. Lichtemberg. La Petite-pierre. Betfort. Haguenau. Weiſſembourg. Phalſbourg. Scheleſtat. Colmar. |
| *Les deux* BOURGOGNES. | BESANÇON... | Beſançon. Château de Blamont. Salins. Château de Joux. Château de Dijon. Auxonne. Challon-ſur-Saône. Fort de l'Écluſe. |

M

| DIRECTIONS. | BRIGADES. | PLACES. |
| --- | --- | --- |
| *DAUPHINÉ & PROVENCE.* | *GRENOBLE...* | Grenoble. |
| | | Briançon. |
| | | Fort-Barraux. |
| | | Embrun. |
| | | Queyras. |
| | | Mont-Dauphin. |
| | | Citadelle de Valence. |
| | | Montelimart. |
| | | Tour de Crest. |
| | *TOULON......* | Toulon, *& Places de ce Département.* |
| | | Marseille, *& Places de ce Département.* |
| | | Antibes. |
| | | Isle Sainte-Marguerite. |
| | | Entrevaux. |
| | | Colmars. |
| | | Seyne. |
| | | Fort Saint-Vincent. |
| | | Sisteron. |
| *ROUSSILLON & LANGUEDOC.* | *MONTPELLIER. PERPIGNAN...* | Perpignan. |
| | | Montpellier. |
| | | Nimes. |
| | | Pont-Saint-Esprit. |
| | | Peccais. |
| | | Narbonne. |
| | | Carcassonne. |
| | | Collioure. |
| | | Port-vendre. |
| | | Pratz de Mouillou. |
| | | Bellegarde. |
| | | Salces. |
| | | Villefranche. |
| | | Ch.ᵃᵘ de Sommières. |
| | | Cette. |
| | | Aigues-mortes. |
| | | Château de Ferrières. |
| | | Saint-Hypolite. |
| | | Citadelle d'Alais. |
| | | Grau d'Agde. |
| | | Grau de la Nouvelle. |
| | | Canal de com.ᶜⁿ des Mers. |
| | | Canal de Cette au *Rhône.* |
| | | Fort de Brescou. |

| DIRECTIONS. | BRIGADES. | PLACES. |
| --- | --- | --- |
| *GUYENNE, AUNIS, POITOU & SAINTONGE.* | *BORDEAUX...* *LA ROCHELLE.* | Bordeaux. La Rochelle. Bayonne & Barre. Blaye. Navarreins. Saint-Jean-de-Luz. Fort du Socoa. S.t Jean-pied-de-port. Lourdes. Dax. Hendaye. Rochefort. Brouages. Fouras. Isle d'Aix. Niort. Isle d'Oleron. Isle-de-Ré. Saumur. Château d'Angers. Les Côtes. |
| *BRETAGNE* | *BREST.......* *SAINT-MALO..* | Brest. Saint-Malo. Port-Louis. L'Orient. Nantes. Belle-Isle. Château du Taureau. Isle d'Hédic. Les sept Isles. Les Côtes. |
| *NORMANDIE.* | *CHERBOURG..* | Le Havre. Cherbourg & Côtes. Caen. Dieppe. Granville. Carentan. Saint-Lo. La Hougue. Isle de Tatihou. |

| DIRECTIONS. | BRIGADES. | PLACES. |
|---|---|---|
| *CORSE.* | *BASTIA.......* | Baſtia.<br>Corté.<br>Ajaccio.<br>Saint-Florent.<br>Calvi.<br>Bonifacio.<br>Aleria.<br>Iſle-rouſſe.<br>Tours & Côtes. |
| **TOTAL.**<br>12 DIRECTIONS. | **TOTAL.**<br>21 BRIGADES. | |
| | | **PARIS,**<br>LA BASTILLE<br>& la<br>GALERIE DES PLANS<br>en relief. |

www.ingramcontent.com/pod-product-compliance
Ingram Content Group UK Ltd.
Pitfield, Milton Keynes, MK11 3LW, UK
UKHW022134170726
13837UKWH00004B/1562